AR LANNAU'R CLEDDAU
MEWN HEN LUNIAU

ALONG THE CLEDDAU
IN OLD PHOTOGRAPHS

SS City of Paris *yn cyrraedd y Dociau Sych yn Aberdaugleddau 1899.*
SS *City of Paris* entering the dry docks at Milford 1899.

AR LANNAU'R CLEDDAU
MEWN HEN LUNIAU

CASGLWYD GAN YR
ADRAN GWASANAETHAU DIWYLLIANNOL DYFED

ALONG THE CLEDDAU
IN OLD PHOTOGRAPHS

COLLECTED BY
DYFED CULTURAL SERVICES DEPARTMENT

ALAN SUTTON
CYNGOR SIR
DYFED
COUNTY COUNCIL

Alan Sutton Publishing Limited
Phoenix Mill · Far Thrupp · Stroud · Gloucestershire

Cyhoeddwyd ar y cyd â
Published in collaboration with

Adran Gwasanaethau Diwylliannol
Cultural Services Department
CYNGOR SIR
DYFED
COUNTY COUNCIL

Cyhoeddwyd gyntaf yn 1990
First published 1990

Manylion catalogio y Llyfrgell Brydeinig
British Library Cataloguing in Publication Data

Along the Cleddau in old photographs.
1. Dyfed, history
I. Dyfed, Wales. *Cultural Services department*
942.96

ISBN 0-86299-805-0

Cysodi a gwaith gwreiddiol gan
Typesetting and origination by
Alan Sutton Publishing Limited.
Argraffwyd ym Mhrydain Fawr gan
Printed in Great Britain by
The Bath Press, Avon.

CYNNWYS • CONTENTS

RHAGYMADRODD   7
INTRODUCTION

1. CROESFANNAU   11
   CROSSINGS

2. BYWYD CEFN GWLAD   23
   RURAL LIFE

3. PENFRO   49
   PEMBROKE

4. ABERDAUGLEDDAU   57
   MILFORD HAVEN

5. DOCIAU ABERDAUGLEDDAU   71
   MILFORD DOCKS

6. PYSGOTA   83
   FISHING

7. NEYLAND   91

8. DOC PENFRO   95
   PEMBROKE DOCK

9. DOCIAU'R LLYNGES   107
   ROYAL NAVAL DOCKYARD

10. MASNACH A DIWYDIANT   113
    TRADE AND INDUSTRY

11. HAMDDEN   127
    RECREATION

12. AMDDIFFYN   137
    DEFENCE

13. Y BONEDDIGION   151
    GENTRY

DIOLCHIADAU   160
ACKNOWLEDGEMENTS

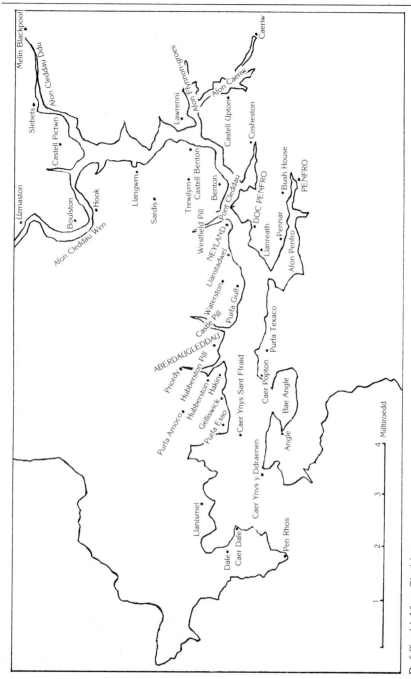

Dyfrffordd Afon Cleddau.
The Cleddau Waterway.

RHAGYMADRODD

Rhy'r gyfrol hon sylw i'r ardal sy'n ymestyn ar hyd y naill ochr a'r llall i aber Afon Cleddau – o Ben Rhos yn y gorllewin, i'r dwyrain ar hyd harbwr naturiol Aberdaugleddau, yna i'r gogledd ar hyd y Ddaugleddau hyd at Hwlffordd bron ar Afon Cleddy Wen a hyd at Felin Blackpool ar Afon Cleddy Ddu (gweler y map).

Dewiswyd y mwyafrif o'r lluniau o blith casgliadau'r amgueddfa, yr archifdy a'r llyfrgelloedd a weinyddir gan Gyngor Sir Dyfed yn yr hen Sir Benfro. Fe'u trefnwyd yn ôl thema, gyda'r rhan gyntaf yn ymwneud â theithio ar draws yr Hafan.

Mae rhai pethau hynod o'r canoloesoedd i'w gweld o hyd yn yr ardal megis bwrdeistref Normanaidd Penfro ynghyd â'r castell enfawr, Castell Caeriw ynghyd â'r groes ysblennydd o'r unfed ganrif ar ddeg sydd gerllaw, a nifer o eglwysi gan gynnwys eglwys Urdd yr Ysbytwyr – sydd bellach yn adfeilion-yn Slebets. Mae rhai adeiladau o'r canoloesoedd, y cynhwysir lluniau o'u hadfeilion, wedi'u hail-godi bellach megis Priordy Monkton.

Mae rhan helaeth o'r ardal wedi cadw'i chymeriad gwledig a hynny'n aml yn agos i ddiwydiannau modern. Cyfleir bywyd y cymunedau gwledig yn y casgliad hwn, boed hynny mewn lluniau o ysgolion, eglwysi, capeli neu siopau lleol, neu mewn lluniau o'r gweithgarwch beunyddiol oedd yn cynnal bywyd y cymunedau megis ffermio, masnachu ar hyd yr afon neu werthu pysgod cregyn. Dangosir dylanwad y tirfeddianwyr grymus oedd yn berchen ar ystadau helaeth, mewn lluniau o blastai ysblennydd megis Castell Picton a Pharc Slebets.

St. Ann's Lighthouses, Dale, Milford Haven.

Goleudy'r Santes Ann, Dale.
St Ann's Lighthouse, Dale.

Bu newidiadau dirfawr ar hyd rhannau o Afon Cleddau yn ystod y bedwaredd ganrif ar bymtheg. Codwyd tref Aberdaugleddau ar ffurf cynllun grid yn sgîl deddf a aeth drwy'r Senedd yn 1790. Tynnwyd llawer o luniau o'r dociau yn cael eu hadeiladu, ynghyd â'r llongau a'u defnyddiai – gan gynnwys Great Eastern Brunel – o ganol yr 1870au ymlaen. Datblygodd Neyland o'r 1850au ymlaen fel terminws Rheilffordd De Cymru ar yr Hafan. Y bwriad oedd cysylltu'r rheilffordd â'r llongau a groesai i Iwerddon ac ar draws yr Iwerydd ond ni chyflawnwyd ail ran y cynllun. Dechreuodd Doc Penfro dyfu, ar yr ochr draw i'r Hafan, o tua 1814 ymlaen. Cynlluniwyd y dref hon hefyd ar ffurf cynllun grid o amgylch dociau'r Llynges a'u hamddiffynfeydd cadarn. Roedd y dociau yn bell o Ewrop, oedd yn ansefydlog iawn yn y cyfnod hwnnw, ac fe ddaethant yn bwysig ar gyfer adeiladu'r llongau rhyfel mwyaf modern yr adeg honno. Roedd yr Hafan yn harbwr pwysig iawn yn strategaeth y cyfnod, ac adeiladwyd system hynod o amddiffynfeydd tua chanol oes Victoria, gan gynnwys y gaer ar Ynys Thorn ger ceg yr Hafan, Caer Hubberston ar ei glan ogleddol a Chaer Ynys Sant Ffraid ynghanol yr Hafan. Bu glowyr yn turio am lo yn uwch lan yr aber lle croesai maes glo Sir Benfro o dan yr Hafan, yn enwedig yng nghyffiniau Hook.

Mae newidiadau enfawr wedi digwydd yn ystod y ganrif hon ac mae bri a ffyniant y trefi newydd wedi amrywio'n fawr. Datblygodd pysgota yn ddiwydiant holl-bwysig yn Aberdaugleddau ond dirywiodd y diwydiant yn ddiweddarach oherwydd rhesymau economaidd ehangach ac oherwydd gor-bysgota. Collodd tref Neyland y fantais oedd ganddi pan gyrhaeddodd y rheilffordd drefi eraill; symudwyd y gwasanaeth llongau ag Iwerddon i Abergwaun yn 1906 a chaewyd y rheilffordd i Neyland yn 1955. Caewyd dociau'r Llynges yn Noc Penfro yn ddisymwth yn 1926 gan achosi cryn galedi yn y gymdogaeth. Ymosodwyd nifer o weithiau o'r awyr ar y dref yn ystod yr Ail Ryfel Byd oherwydd roedd Doc Penfro yn ganolfan bwysig i sgwadronau'r awyrennau môr, ac oherwydd y storfeydd tanwydd oedd yn y dref. Roedd y rhan fwyaf o'r gweithfeydd glo yn Hook wedi cau erbyn 1910 oherwydd bod y glo yn darfod, oherwydd anawsterau daearegol ac oherwydd diffyg buddsoddi, er bod rheilffordd a gwaith didoli glo wedi helpu i gadw'r diwydiant yn fyw yno tan 1948. O 1957 ymlaen datblygwyd yr Hafan yn borthladd olew o bwys oherwydd bod yno ddyfroedd dwfn a chysgodol ar gyfer tanceri mawr ac oherwydd bod tir rhad ar gael gerllaw ar gyfer codi purfeydd ond mae'r diwydiant hwn yn crebachu bellach; caeodd purfa fawr Esso ar ddiwedd yr 1980au.

Adlewyrcha'r casgliad hwn o luniau lawer o'r datblygiadau economaidd pwysig ynghyd ag agweddau ar yr hanes cymdeithasol – gan gynnwys hamddena – sydd wedi bod yn nodweddiadol o lannau'r Hafan dros y 130 mlynedd diwethaf. Y gobaith yw y bydd y lluniau yn ennyn chwilfrydedd y bobl leol a'r ymwelwyr â'r ardal fel ei gilydd, gan eu sbarduno i gymryd golwg fanylach ar hanes hynod yr ardal

INTRODUCTION

The region around the tidal Cleddau waterway covered by this book stretches from, in the west, St Ann's Head, eastwards along the outstanding natural harbour of Milford Haven, then north along the Daugleddau, almost up to Haverfordwest on the Western Cleddau and up to Blackpool Mill on the eastern Cleddau (see map).

The photographs have been selected largely from the collections of the museum, record office and libraries administered by Dyfed County Council in the old county area of Pembrokeshire. A thematic approach has been adopted, the opening section setting the scene by exploring transport links across the waterway and its tributaries.

Notable survivals from the medieval period are the Norman borough of Pembroke with its large castle, Carew Castle with a fine eleventh-century cross nearby and churches, including that of the Knights Hospitallers – now in ruins – at Slebech. Some medieval buildings which were photographed in ruins, have been rebuilt, as at Monkton Priory.

Much of the region has retained its rural character, often in close proximity to modern industrialization. The life of rural communities is shown in the photographs, whether centred around school, church or chapel, local shop or the economic necessities of farming, river trading or selling shellfish. The influence of powerful landowners with large estates is conveyed by views of such grand houses as Picton Castle and Slebech Park.

The nineteenth century saw profound changes along parts of the tidal Cleddau. The town of Milford Haven, originating with a 1790 Act of Parliament, was laid out on a grid plan. Dock construction from the mid-1870s as well as many vessels

Golwg dawel a digyffro ar draws Afon Cleddau c. 1884.
A tranquil view of the Cleddau c. 1884.

using the facilities – including Brunel's *Great Eastern* – have been photographed. Neyland developed from the 1850s at the Haven terminus of the South Wales Railway. Planned to connect with services to Ireland and across the Atlantic, the latter never took off. On the opposite side of the waterway, Pembroke Dock grew up from about 1814, again on a grid plan, around a well defended naval dockyard. Remote from an unsettled European mainland, it became important for advanced naval shipbuilding. As developments confirmed the Haven as a strategically important harbour, a remarkable system of mid-Victorian defences was built, including Thorn Island fort near its entrance, Hubberston Fort on its north shore and Stack Rock Fort on an island within the harbour itself. Up-river, deep mining occurred in the Pembrokeshire coalfield where it crossed the waterway, particularly around Hook.

Great changes have occurred in the present century. The fortunes of the 'new towns' have fluctuated dramatically. Fishing became vitally important for Milford but broader economic developments and over-fishing led to its decline. Rail connections with other towns denied Neyland its original advantage; the Ireland service transferred to Fishguard in 1906 and Neyland's railway link closed in 1955. Pembroke Dock's naval dockyard closed abruptly in 1926 causing much hardship. In the Second World War it became an important flying-boat base which, together with the town's fuel storage depot, attracted air attacks. Of many collieries at Hook, most had closed by 1910 due to exhaustion, geological difficulties and little capital investment, although a rail link and screening plant helped prolong the industry there until 1948. From 1957 a major oil port has developed in the Haven due to its excellent sheltered deep water for large tankers and the cheap land available for refineries, but this is contracting; Esso's large refinery closed in the 1980s.

This collection of photographs reflects many of the important economic developments as well as aspects of the social history – including recreation – which have characterized the shores of the tidal Cleddau waterway over the past 130 years or so. It is hoped that the photographs will intrigue both local residents and visitors to the region, encouraging them to take a deeper look at its remarkable past.

Yr awyren fôr Sunderland olaf yn Noc Penfro 1957.
The last Sunderland flying-boat at Pembroke Dock 1957.

Croesfannau
Crossings

Pysgotwyr o Langwm ar Afon Cleddau.
Llangwm fisherfolk on the Cleddau.

'Castle Pill', fe'i gelwid yn 'Prix Pill' un adeg. Codwyd y bont yn 1858. Daw'r enw 'Pont Ddu' o'r pyg a'r tar a beintiwyd ar y pren.
Castle Pill, once called Prix Pill. The bridge was built in 1858 and got its name 'Black Bridge' from the pitch and tar with which the wood was coated.

Y llong ager Alumchine *yn yr Hafan.*
Alumchine paddlesteamer in the Haven.

Gwrthdystiad yn erbyn y tollau ar Bont Victoria. Gwaredwyd y tollau yn 1909.
A demonstration against the tolls on Victoria Bridge. The tolls were finally to be abolished in 1909.

Dydd o lawen chwedl. Rhyddhau Pont Victoria, rhwng Hakin ac Aberdaugleddau, rhag tollau. Roedd y doll yn arfer bod yn ddimai am berson a chwecheiniog am gert. (Hydref 2, 1909)
A day of great celebration. The freeing of Victoria Bridge, between Hakin and Milford Haven, from tolls. The toll had been ½d. for a person and 6d. for a cart. (2 October 1909)

Pont Victoria, Aberdaugleddau. Mae'r hen bont bren i'w gweld ar y dde, ychydig cyn ei dymchwel. Mae'r bont ddur newydd ar y chwith. (1886)
Victoria Bridge, Milford Haven. The old timber bridge shortly before it was demolished is on the right. The newly erected steel bridge is on the left. (1886)

Y bont ddur rhwng Hakin ac Aberdaugleddau yn cael ei chodi. Gellir gweld yr hen bont bren yn y cefndir. Codwyd pont goncrit yn 1933 yn lle'r bont ddur. (1886)
The steel bridge between Hakin and Milford Haven, under construction. The old timber bridge can be seen in the background. The steel bridge was replaced by a concrete bridge in 1933. (1886)

Gweithwyr yn cael hoe ar gyfer tynnu llun ohonynt ar y Bont Newydd, Church Lakes, Neyland. Cynlluniwyd y bont gan Mr J.W. Evans. (Chwefror 25, 1911)
Workmen taking a break to pose for the photographer at New Bridge, Church Lakes, Neyland. The bridge was surveyed and designed by Mr J.W. Evans. (25 February 1911)

Te parti a chwaraeon mewn cae yn Heol Kensington i ddathlu agor y Bont Newydd yn Church Lakes, Neyland. Yn ôl y papur lleol roedd mwy na 1,000 o blant ac 'almost every inhabitant of Neyland able to go out of doors' yn y dathliadau 'despite the weather conditions'. (1911)

Tea and sports in a field in Kensington Road to celebrate the opening of the New Bridge at Church Lakes, Neyland. According to a local newspaper over 1,000 children and 'almost every inhabitant of Neyland able to go out of doors' attended the celebrations 'despite the weather conditions'. (1911)

Y Bont Newydd, Church Lakes, Neyland, a gysylltai Neyland a Hazelbeach, yn cael ei hagor ar ddiwrnod Coroni Brenin George V, 1911.

The New Bridge, Church Lakes, Neyland, connecting Neyland and Hazelbeach, opened on the day of the coronation of King George V, 1911.

Y Cleddau Queen *yn croesi'r Hafan yn y dyddiau cyn adeiladu Pont Cleddau,* c. *1960.*
The *Cleddau Queen* crossing the Haven, in the days before the Cleddau Bridge, c. 1960.

Ceir yn mynd oddi ar y fferi yn Neyland, Gorffennaf 1972.
Cars leaving the ferry at Neyland, July 1972.

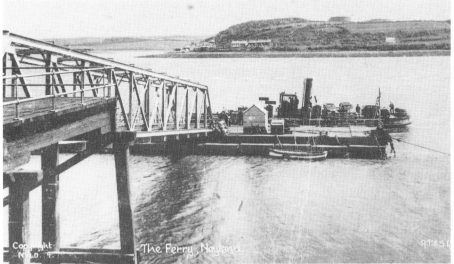

Y fferi yn Neyland, c. 1946.
The ferry at Neyland, c. 1946.

Y Cleddau King – *Fferi Neyland. Gellir gweld Pont Cleddau yn dechrau cael ei chodi ar y chwith. (1972)*
Cleddau King, the Neyland Ferry. The beginnings of the Cleddau Bridge can be seen on the left. (1972)

Cafwyd damwain gas, pan ddechreuwyd codi pont dros afon Cleddau, pryd y dymchwelodd rhan gyntaf y bont. (1970)
The building of the bridge across the Cleddau started with an unfortunate accident when the first part of the bridge collapsed. (1970)

Codi Pont Cleddau, Gorffennaf 1972. Agorwyd y bont yn 1976.
The successful building of the Cleddau Bridge, July 1972. The bridge was opened in 1976.

Bywyd Cefn Gwlad
Rural Life

Bae Wick Bychan lle adeiladwyd Glanfa Esso yn ddiweddarach. Agorwyd y burfa yn 1960.
Little Wick Bay where the Esso Jetty was later built. The refinery opened in 1960.

Eglwys Boulston, a adnewyddwyd yn 1843.
Boulston church, restored 1843.

Bwa'r gangell yn Eglwys Boulston, unwaith eto yn adfeilion, 1985.
Chancel arch in Boulston church once more in ruins, 1985.

Y Parch. David Davies, rheithor Nash-Cum-Upton ger y groes y tu allan i'r capel yng Nghastell Upton. (c. 1890)
Reverend David Davies, rector of Nash-Cum-Upton at the cross in the Upton Castle Chapel Yard. (c. 1890)

J.S. Watts a Mrs Watts a'i mam y tu allan i'w siop yn Waterston. Mae'r poster yn hysbysebu ffilm a ddangosir yn y Plaza yn Neyland.
J.S. Watts with Mrs Watts and her mother outside his general stores in Waterston. The poster advertises a film showing at Neyland Plaza.

Gorynys anghysbell Angle yn 1933. Credir mai cysgodfan yw'r caban i'r milwyr oedd yn aros am gludiant i Ynys Thorn.

The remote peninsular of Angle in 1933. The hut is believed to be a shelter for the military awaiting transport to Thorn Island.

Croesi'r rhyd yn y Bont Ddu ger Aberdaugleddau.

Crossing the ford at Black Bridge near Milford Haven.

Pentref Hubberston cyn i Aberdaugleddau ddatblygu'n ddiwydiannol. (c. 1910)
Hubberston village before the industrial development of Milford Haven. (c. 1910)

Bae Gelliswick cyn dyfodiad y purfeydd olew a'r iotmyn.
Gelliswick Bay before the arrival of the oil refineries and the yachtsmen.

Wrth y gwair ar fferm Cudlic ger Burton, c. *1900.*
Haymaking at Cudlic farm near Burton, c. 1900.

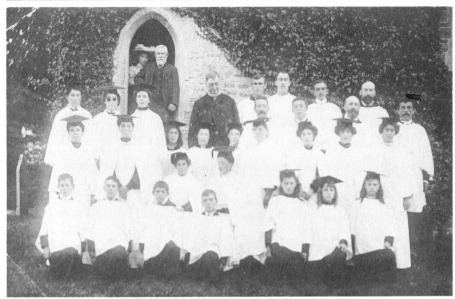

Côr Rheithordy Angle, 1907.
Angle Rectory Choir, 1907.

Annie Badham ar y clôs fferm gydag oen swei, Lawrenny.
Annie Badham in the farmyard with a molly (i.e. hand-reared) lamb, Lawrenny.

Mr John Clarke o Burton yn cael ei daflu allan o'i gartref yn 1908 ar orchymyn Syr Owen Scourfield yn sgil anghydfod am ffynnon y pentref.

Mr John Clarke of Burton being evicted from his home in 1908 on the orders of Sir Owen Scourfield following a dispute over the village well.

Croes Geltaidd hynafol gyda cherfwaith cain, sy'n sefyll yn awr ar y ffordd fawr ger castell Caeriw.
An ancient Celtic cross with fine carvings, now standing on the main road near Carew castle.

Cynulliad yn yr 1920'au ar gyfer Gwasanaethau Dathlu Pen-blwydd Capel Sardis, ger Rhosfarcut.
A 1920s gathering for the Anniversary services at Sardis Chapel, near Rosemarket.

Plant ysgol pentref Uzmaston yn yr 1920'au. O'r chwith i'r dde, rhes gefn: Mr Pugh, Nora Dowling, Gwenda Elliott, Dorothy Lewis, Leslie John, -?-. Trydedd res: Kathleen Dowling, ? Stephens, Gladys Thomas, Catherine Thomas, Annie Eynon, Chrissie Lewis, -?-, Harold Thompson, Jack Morgans, Miss Allen. Ail res: Frank Stephens, Olive Morgans, Gladys Jenkins, Gwyneth Pugh, Joan Thompson, Betty Morgans, Ruth Thomas. Rhes flaen: Douglas Thomas, Francis Belton, Teddy Morgans, Trevor John.

Children from the village school at Uzmaston in the 1920s. Left to right, back row: Mr Pugh, Nora Dowling, Gwenda Elliott, Dorothy Lewis, Leslie John, -?-. Third row: Kathleen Dowling, ? Stephens, Gladys Thomas, Catharine Thomas, Annie Eynon, Chrissie Lewis, -?-, Harold Thompson, Jack Morgans, Miss Allen. Second row: Frank Stephens, Olive Morgans, Gladys Jenkins, Gwyneth Pugh, Joan Thompson, Betty Morgans, Ruth Thomas. Front row: Douglas Thomas, Francis Belton, Teddy Morgans, Trevor John.

Grîn Honeyborough ger Neyland, c. 1904.
Honeyborough Green near Neyland, c. 1904.

Florence Howell, a anwyd yn 1869, fu'n byw yn Whalecwm, Cosheston, ac sy'n adnabyddus am ei storiau hunangofiannol Stories at the Mill *a nifer o ddramau byrion llwyddiannus.*

Florence Howell, born 1869, who lived at Whalecwm, Cosheston, best known for her autobiographical *Stories at the Mill* and several successful short plays.

Diaconiaid Capel Annibynwyr Mynydd Seion, Hook, ar adeg ei adnewyddu yn 1926. O'r chwith i'r dde: Arthur Green, Peter Thomas, William Davies, Y Parch Walters, Alfred James, William Benner, Thomas Jones, Fred Hitching.

Elders of Mount Zion Congregational Chapel, Hook, at the time of its restoration in 1926. Left to right: Arthur Green, Peter Thomas, William Davies, Revd Walters, Alfred James, William Banner, Thomas Jones, Fred Hitching.

Y combein cyntaf i'w ddefnyddio yn Sir Benfro yn 1947.
Combine Harvester, said to be the first one used in Pembrokeshire in 1947.

Pigo tato ger Burton ar dir a blannwyd o dan gynllun adennill tir, 1937.
Potato picking near Burton on land planted under a reclamation scheme, 1937.

Peiriannau a dynnir â cheffylau ar fferm Copybush, Waterston.
Horse-drawn machinery at Copybush Farm, Waterston.

Angle gyda Gwesty'r Globe yn y golwg. Adlewyrchir hoffter Mirehouse o India ym mhensaerniaeth llawer o'r adeiladau yn y pentref.
Angle with the Globe Hotel just in view. The Mirehouse passion for India is reflected in many of the colonial style buildings in the village.

Pentref Lawrenni, c. 1910. Yn y pellter gellir gweld yr eglwys yn sefyll ar dir y castell.
Lawrenny village, c. 1910. In the distance is the church standing within the castle grounds.

Trên ager ar Groesfan Westfield ger Neyland, c. 1920.
Steam train at Westfield Crossing near Neyland, c. 1920.

Rhew oerllyd y gaeaf ar y glannau yn Dale gyda Thafarn y Griffin yng ngwaelod y llun.
A wintery scene of the shore at Dale with the Griffin Inn in the foreground.

Tafarn Lawrenni, Kennel House gynt, lle megid y cŵn hela lleol. O'r ardal hon roedd y fferi'n croesi i Burton ac i Cosheston.

Lawrenny Arms, formerly Kennel House, where the pack for the local hunt was reared. From this area the ferry crossed to Burton and to Cosheston.

Pentref Llangwm, 1904.
Llangwm village, 1904.

Pysgotwragedd o Langwm a welid unwaith yn troedio ffyrdd, neu'n mynd ar gefn asyn, ar hyd a lled sir Benfro, gyda basgedi yn llawn o gocos, wystrys, perdys ac ysgadan.
Llangwm fisherwomen were once seen all over Pembrokeshire on foot or with their donkeys, their baskets full of cockles, oysters, shrimps and herrings.

Dolly Palmer, pysgotwraig o Langwm, oedd yn nodedig am ei phrydferthwch.
Dolly Palmer, celebrated Llangwm fisherwoman, 'the village beauty'.

Y pentref gydag asyn ar y Stryd Fawr, Llangwm.
The village with donkey in Main Street, Llangwm.

Pysgotwraig o Langwm mewn gwisg nodweddiadol o sgert wlanen a pheisiau, basgedi ac esgidiau trymion i gerdded yr heolydd.
A Llangwm fisherwoman in typical flannel skirt and petticoats, with baskets and sturdy boots for tramping the lanes.

Rhai o griw Cwch Achub Angle yn gwisgo siacedi achub bywyd. Roedd y capten, R.W. Mirehouse o Neuadd Angle, wedi ennill medal am ei wrhydri a'i waith mentrus yn achub criw'r Loch Shiel *adeg y llongddrylliad.*

Some of Angle lifeboat crew wearing life-saving jackets. The captain, Major R.W. Mirehouse from Angle Hall, was awarded a medal by the Humane Society for his daring rescue of the crew of the wrecked *Loch Shiel.*

*Gyferbyn/*Opposite:
Gwraig o Langwm mewn gwisg draddodiadol o siol a chlocs.
Llangwm woman in traditional shawl and clogs.

Côr yr eglwys ym Mharc Slebets, Mehefin 26, 1983. O'r chwith i'r dde: Denis Parry, darllenwr lleyg; Jim Elworthy, warden yr eglwys; yr Hybarch Alex Lewis, Archddiacon Tyddewi wedi ymddeol; y Gwir Barchedicaf Derrick Childs, Arglwydd Archesgob Cymru; y Parch. William Watkins, Ficer Slebets ac Uzmaston gyda Boulston; y Fonesig Jean Philipps, warden yr eglwys.

The church choir at Slebech Park, 26 June 1983. From left to right: Denis Parry, lay reader; Jim Elworthy, church warden; The Venerable Alex Lewis, retired Archdeacon of St Davids; The most Reverend Derrick Childs, Lord Archbishop of Wales; The Reverend William Watkins, Vicar of Slebech and Uzmaston with Boulston; Lady Jean Philipps, churchwarden.

Gwasanaeth blynyddol Urdd Sant Ioan o Gaersalem a gynhaliwyd yn adfeilion hen eglwys Slebets, Mehefin 1988, gyda'r Parch. William Watkins yn arwain yr oedfa.
The annual service for the Order of St John of Jerusalem in the ruins of Slebech old church, June 1988, with Revd William Watkins presiding.

Mae'r capel hwn yn Aberdaugleddau, a godwyd yn y ddeuddegfed ganrif ac a ddefnyddid unwaith i gadw moch a cheirt, wedi'i gysegru i St Thomas à Becket, ac fe'i adnewyddwyd yn yr 1930au.

Once used for pigs and carts this twelfth-century chapel in Milford Haven, dedicated to St Thomas à Becket, was restored in the 1930s.

Penfro • Pembroke

Rhiw Porth y Gorllewin, Penfro. Gyferbyn â'r castell mae bythynnod o'r canol oesoedd lle arferid o bosibl gadw drwgweithredwyr y dref dan glo.
Westgate Hill, Pembroke. Opposite the castle are medieval cottages which may have housed the town's lock up.

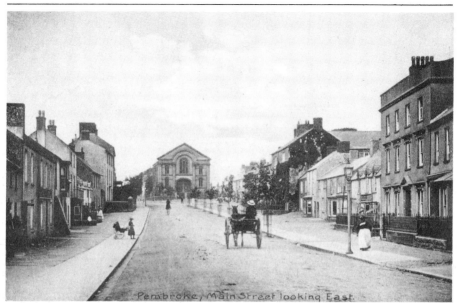

Penfro, o Sgwâr Pen y Dwyrain tuag at Gapel y Methodistiaid Wesleaidd, c. 1910.
Pembroke, from East End Square looking towards the Wesleyan Methodist Chapel, c. 1910.

Stryd Fawr, Penfro. Y clochdy ar un adeg oedd marchnad bysgod y dref.
Main Street, Pembroke. The Clock House was once the town's fish market.

Stryd Fawr, Penfro, yn edrych i gyfeiriad y dwyrain gydag Eglwys y Santes Fair, sef eglwys y plwyf o'r drydedd ganrif ar ddeg, gyferbyn â Gwesty'r Llew, sef man cychwyn y Goets Fawr oedd yn cludo'r post brenhinol. (c. 1910)

Main Street, Pembroke looking east with the thirteenth-century parish church of St Mary's and, opposite the Lion Hotel, starting point for the Royal Mail Coach. (c. 1910)

Y Grîn, Penfro, gerllaw Pont y Felin. Yr adeilad ar y dde yn awr yw'r Waterman's Arms.
The Green, Pembroke, close to the Mill Bridge. The building on the right is now the Waterman's Arms.

Afon Penfro a Phwll Melin o orthwr y castell. Cronnwyd yr afon i droi rhod y felin ar y Cei, a ddinistriwyd gan dân yn 1956.
Pembroke river and Mill Pond from the castle keep. The river was dammed to harness power for the Corn Mill on the Quay, destroyed by fire in 1956.

Pwyllgor Jiwbili Diemwnt y Frenhines Victoria a'r merched a gymerodd ran yn seremoni gosod y garreg goffa ar Chwefror 16, 1898. O'r chwith i'r dde, rhes gefn: F.P. Tombs, Parch. H. Powell, Mr J. Jones, Parch. Jenkins, J.C. Froyne, S.J. Allen, W. Simon, W.M. Griffiths, D.E. Thomas, Lt. A.F. Beddoe, Mr Bryan. Rhes flaen: Mrs Bryan, Y Fonesig Victoria Lambton, Mrs Leach, Cyrnol Leach.

Queen Victoria's Diamond Jubilee Infirmary Committee and ladies who took part in the laying of the memorial stone on 16 February 1898. Left to right, back row: F.P. Tombs, Revd H. Powell, Mr J. Jones, Revd Jenkins, J.C. Froyne, S.J. Allen, W. Simon, W.M. Griffiths, D.E. Thomas, Lt. A.F. Beddoe, Mr Bryan. Front row: Mrs Bryan, Lady Victoria Lambton, Mrs Leach, Col. Leach.

Eglwys y Priordy, Monkton, ger Penfro, yn adfeilion.
Monkton Priory church, near Pembroke, in ruinous state.

*Ymweliad y Brenin Edward VII a'r Frenhines Alexandra ag Eglwys y Priordy, Monkton,
Awst 23ain, 1902, i nodi'r achlysur bod y gwaith o adnewyddu'r eglwys wedi'i
gwblhau.*
Visit of King Edward VII and Queen Alexandra to Monkton Priory church, 23 August 1902, to
mark the completion of its restoration.

Gwaelod, chwith/Below, left:
*Eglwys y Priordy, Monkton, a sefydlwyd yn 1098 fel cell i Abaty Benedictaidd Seez yn
Normandi. Adnewyddwyd yn yr 1880au.*
Monkton Priory church, founded in 1098 as a cell of the Benedictine Abbey of Seez in
Normandy. Restored in the 1880s.

*lwmyn Sir Benfro yn sefyll mewn rhes i anrhydeddu Dug Efrog (brenin Siôr V yn
ddiweddarach) a'r Dduges, ger Castell Penfro ar safle presennol y Drill Hall, c. 1890.*
Pembrokeshire Yeomanry providing a guard of honour for the Duke of York (later George V)
and the Duchess, close to Pembroke Castle on a site now occupied by the Drill Hall, c. 1890.

Aberdaugleddau
Milford Haven

Yr hen orsaf reilffordd c. 1900.
The old railway station c. 1900.

Golygfa drist. Sylwer ar weddillion llosgedig swyddfa iard longau Watson a Wimshurst yn y canol. Roedd Eglwys y Santes Catrin i fod yn ganolbwynt i dref arfaethedig Greville ond gan na chwblhawyd y cynlluniau gadawyd yr eglwys yno ar ei phen ei hun. (c. 1880)

A bleak view. Notice the burnt-out remains of Watson and Wimshurst's boat-building headquarters in the centre. St Katharine's church was to be central to Greville's intended town, which, as it was never completed, left the church on its own. (c. 1880)

Yr Wylfa, Hakin. Yr wylfa hon fyddai'n ganolbwynt i goleg arfaethedig Charles Francis Greville ond dyma'r unig adeilad a godwyd.

The Observatory, Hakin. This was to be at the centre of Charles Francis Greville's proposed college but is all that was built.

Y Siop Gyffredinol, Stryd y Pwynt, Hakin c. 1910.
The General Store, Point Street, Hakin c. 1910.

Y Swyddfa Bost, Stryd y Pwynt, Hakin c. 1910.
The Post Office, Point Street, Hakin c. 1910.

Stryd y Pwynt, Hakin c. 1910.
Point Street, Hakin c. 1910.

Bechgyn yn Ysgol Sirol Aberdaugleddau. Yn sefyll (ni wyddys y drefn): L. Whicher, W.G. Brinn, J. Davies, R. Wilkins, J. Brinn, T.C. Lewis, W. Tribe, H.W. Adams, W.G. Martin, P.K. Garrett, T.D. Morgan. Yn eistedd (o'r chwith i'r dde): E. Wilkins, Mr Hutchinson, H. Gill. (Tymor y Nadolig 1896)

Boys at Milford Haven County School. Standing (order uncertain): L. Whicher, W.G. Brinn, J. Davies, R. Wilkins, J. Brinn, T.C. Lewis, W. Tribe, H.W. Adams, W.G. Martin, P.K. Garrett, T.D. Morgan. Seated (left to right): E. Wilkins, Mr Hutchinson, H. Gill. (Christmas Term 1896)

Gwaelod, de/Below, right:

Ysgol Ramadeg Aberdaugleddau (tîm hoci'r). Yn sefyll (o'r chwith i'r dde): Nancy Cobb, Enid Lloyd, Madge Hart, Phyllis Davies, V.O. Owens. Yn eistedd: Ethel Buck, Iris Williams, Brenda Job, Gwenda Walters, Kitty East. (1926)

Milford Haven Grammar School (hockey team). Standing, left to right: Nancy Cobb, Enid Lloyd, Madge Hart, Phyllis Davies, V.O. Owens. Seated: Ethel Buck, Iris Williams, Brenda Job, Gwenda Walters, Kitty East. (1926)

Plant ysgol yn ymgynnull ar gyfer y camera, 1907.
Schoolchildren gather for the camera, 1907.

Stryd Siarl c. *1910.*
Charles Street c. 1910.

Stryd Siarl c. *1910.*
Charles Street c. 1910.

Stryd Siarl c. *1900.*
Charles Street c. 1900.

Siop Whicher a Jamieson, ar gornel Stryd Siarl a Stryd y Prior, c. *1910.*
Whicher and Jamieson's store, situated at the corner of Charles Street and Priory Street, c. 1910.

Brigâd Dân Aberdaugleddau 1909.
Milford Haven Fire Brigade 1909.

Brigâd Dân Wirfoddol Aberdaugleddau. O'r chwith i'r dde: ? Cornleigh, Arthur Hughes, Wilfred Thomas, Billy Monelly, Jimmy Britton, Henry Jones, Alan Murray, Jimmy Walters, c. 1940.

Milford Voluntary Fire Brigade. Left to right: ? Cornleigh, Arthur Hughes, Wilfred Thomas, Billy Monelly, Jimmy Britton, Henry Jones, Alan Murray, Jimmy Walters, c. 1940.

Eglwys y Santes Catrin. Ail-gysegrwyd yr eglwys ar ôl helaethu'r adeilad. (1907)
St Katharine's church. The church was reconsecrated after the building was extended.
(1907)

'Cellar Hill', yn arwain i lawr at 'Castle Pill'.
Cellar Hill, leading down to Castle Pill.

Mae'r llun hwn o Deras Hamilton wedi'i dynnu o dŵr Eglwys y Santes Catrin. Sylwer ar y gêm denis sy'n digwydd yn y llun, c. 1910.
Hamilton Terrace taken from the tower of St Katharine's church. Notice the game of tennis taking place, c. 1910.

Y lleianod yn Abaty Sant Ffraid (Neuadd y Castell) 1913. Roedd y gymuned hon o Fenedictiaid yn Neuadd y Castell o 1911 tan yn gynnar yn 1920 pan oeddynt wedi symud i Brestatyn ar ôl ymneilltuo i Eglwys Rufain. Mae'r Abades Mary Scholastica yn eistedd yn y canol.

The nuns at St Bride's Abbey (Castle Hall) 1913. This community of Benedictine nuns was at Castle Hall from 1911 until early 1920, when they moved to Prestatyn after their secession to the Roman Catholic Church. Abbess Mary Scholastica is seated in the centre.

Dociau Aberdaugleddau Milford Docks

Agor dorau dociau Aberdaugleddau â llaw yn 1970. Adnewyddwyd y dorau a'u mecaneiddio yn 1972.

Opening Milford dock gates manually in 1970. The gates were overhauled and mechanized in 1972.

Hakin ar draws 'Hubberston Pill' cyn adeiladu'r dociau ynghanol yr 1870au.
Hakin across Hubberston Pill before the construction of the docks after the mid-1870s.

Aberdaugleddau o Hakin, 1860au. Mae'r Tollty ychydig i'r dde o ganol y llun ar yr ochr gyferbyn. Mae iard longau ar y dde.

Milford from Hakin, 1860s. The Customs House is just to the right of centre on the opposite side. There is a shipbuilding yard to its right.

Codi mur allanol y doc ar ddiwedd yr 1870au gyda Hakin draw yn y cefndir. Mae'r Great Eastern wrth angor ar ochr Aberdaugleddau. Yr adeilad heb do, sydd i'w weld yn nhu blaen y llun, oedd rhan o hen iard longau Watson a Wimshurst.

The outer dock wall under construction in the late 1870s with Hakin beyond. The *Great Eastern* is moored on the Milford side. The roofless building in the foreground was part of the old Watson and Wimshurst shipyard.

Adeiladu dociau Aberdaugleddau, c. 1880.
Constructing Milford docks, c. 1880.

Gwaith adeiladu yn y fynedfa i ddociau Aberdaugleddau adeg symud y Great Eastern *oddi yno, 1880.*
Construction works at the entrance to Milford docks at the time of the removal of the *Great Eastern*, 1880.

Dociau Aberdaugleddau, ym mis Hydref 1880, gyda'r Great Eastern *yn y fynedfa, yn cael ei symud ar ôl bod yn y dociau am bum mlynedd.*
Milford docks, October 1880, with the *Great Eastern* in the entrance, being removed after spending over five years in the docks.

Teras Hamilton o'r fynedfa i'r dociau, mwy na thebyg pan oedd y Great Eastern *yn gadael Aberdaugleddau ym mis Hydref 1880. Mae'r rhaffau yn dirwyn i'r llong sydd o'r golwg ar y chwith.*

Hamilton Terrace from the dockyard entrance probably during the departure of the *Great Eastern* in October 1880. The ropes reach up to the ship just out of sight on the left.

*Gwaelod, chwith/*Below, left:

Y Great Eastern *yn nociau Aberdaugleddau tua diwedd yr 1870au. Cynlluniwyd y llong gan Isambard K. Brunel – y* Great Eastern *oedd y llong fwyaf a adeiladwyd erioed hyd at yr amser hwnnw gan ei bod yn 692 troedfedd o hyd. Cyn dod â hi i Aberdaugleddau i'w hadnewyddu fe'i defnyddiwyd i osod llinell danfor y teligraff o dan yr Iwerydd. Mae'n debyg fod cymhelliad arall hefyd sef dangos pa mor fawr oedd y dociau newydd.*

The *Great Eastern* in Milford docks, late 1870s. Designed by Isambard K. Brunel, she was the largest ship ever built at the time, being 692 ft long. Previously used to lay Atlantic telegraph cables, she was brought to Milford for a refit. It was probably a publicity stunt to demonstrate the capacity of the new docks.

Ymwelodd y llong deithwyr newydd City of Rome *ag Aberdaugleddau ym mis Hydref 1889. Angorwyd hi yn Ffordd Hubberston a throsglwyddwyd 134 o deithwyr i drên Llundain yn nociau Aberdaugleddau. Roedd y rhan fwyaf o'r teithwyr a'r llwyth yn perthyn i Sycras Barnum o'r Unol Daleithiau.*

The new passenger line *City of Rome* visited Milford Haven in October 1889. She anchored in Hubberston Road and 134 passengers were tranferred to a London-bound train at Milford docks. Most of the passengers and possessions belonged to Barnum's Great American Circus.

Y llong ager City of Paris *mewn doc sych yn Aberdaugleddau. Cyrhaeddodd hi ym mis Medi 1899, ac ar ôl cael ei hymestyn 100 troedfedd, gadawodd ym mis Mawrth 1900 yn dwyn enw newydd,* Philadelphia. *Bu cwmni Llongau Ager Aberdaugleddau a Waterford yn eu defnyddio o Neyland o 1857 ymlaen.*

The steamship *City of Paris* in dry dock at Milford. She arrived in September 1899 and, after being lengthened by 100 ft, left in March 1900 under the new name of *Philadelphia*. She had been used from 1857 by the Milford Haven and Waterford steamship company from Neyland.

Llong ar y llithrfa yn barod i'w hatgyweirio, dociau Aberdaugleddau, 1909.
A vessel hauled up on a slipway for repairs, Milford docks, 1909.

SS Fulmar *mewn doc sych, Aberdaugleddau,* c. *1910.*
SS *Fulmar in dry dock, Milford,* c. 1910.

Seidinau rheilffordd, glanfeydd a phierau ar ochr dde-ddwyreiniol Aberdaugleddau gyda phier Newton Noyes yn y cefndir, yn yr 1920au mae'n debyg.
Railway sidings, quays and piers on the south-east side of Milford with Newton Noyes pier beyond, probably in the 1920s.

Dociau Aberdaugleddau o Hakin yn 1921. Mae llongau pysgota ger y lanfa bren. Ar y dde mae'r SS Brandenburg; *yn y doc sych mae'r SS* St Lawrence River; *ar y chwith mae'r SS* Ekaterinsolav.

Milford docks from Hakin in 1921. Alongside the timber jetty are trawlers. Berthed on the right is SS *Brandenburg*; in the dry dock is SS *St Lawrence River*; on the left is SS *Ekaterinsolav*.

Gwaith adeiladu yn nociau Aberdaugleddau, yn 1880 mae'n debyg.
Construction work at Milford docks, probably in 1880.

Pysgota • Fishing

Llongau pysgota wrth lanfa'r farchnad bysgod yn nociau Aberdaugleddau c. 1910.
Trawlers alongside the fish market in Milford docks, c. 1910.

Llwytho iâ ar long bysgota, c. 1910. Roedd dwy ffatri iâ fawr yn nociau Aberdaugleddau tua'r adeg hon, a chyda'i gilydd gallent gynhyrchu 700–800 tunnell o iâ bob wythnos.
A fishing boat taking on ice, c. 1910. At about this time there were two large ice factories on Milford docks which, together, were capable of producing 700–800 tons of ice each week.

Gwthio blociau iâ ar hyd estyll i'w llwytho ar longau i gadw'r pysgod a ddelid yn fwytadwy, c. 1900.
Guiding blocks of ice along planks for use on fishing boats to keep the catch fresh, c. 1900.

Llongau pysgota a yrrid gan ager yn cyrraedd dociau Aberdaugleddau, c. 1900. Enwyd Kirkland ar ôl ceffyl a enillodd ras y 'Grand National' ac a fagwyd a'i hyfforddi ar 'Home Farm', Lawrenni. Gellir gweld un o'r ffatrioedd iâ yn cael ei chodi ar y dde.

Steam trawlers entering Milford docks, c. 1900. *Kirkland* was named after a Grand National winner bred and trained at the Home Farm, Lawrenny. The building under construction on the left is one of the two ice factories.

Gwaelod, de/Below, right:

Llongau pysgota wrth lanfa'r farchnad bysgod, dociau Aberdaugleddau, c. 1910. Byddai'r lanfa dan do, a godwyd i dderbyn y pysgod o'r llongau, yn newydd iawn yr adeg honno.

Fishing boats alongside the trawl fish market, Milford docks, c. 1910. The covered fish landing area between the market and the dockside would have been fairly new at the time.

Y farchnad bysgod newydd ei chwblhau yn Nociau Aberdaugleddau, c. 1900.
The newly completed fishmarket, Milford docks, c. 1900.

Paratoi'r pysgod yn y farchnad bysgod, dociau Aberdaugleddau, 1930au.
Filleting fish, fishmarket, Milford docks, 1930s.

Blychau yn llawn pysgod yn barod i'w gwerthu, yn y farchnad bysgod, Aberdau-gleddau.
Boxed fish ready for sale, fishmarket, Milford docks.

Gwerthu pysgod, yn y farchnad bysgod, dociau Aberdaugleddau.
Selling fish, fishmarket, Milford docks.

Llwytho pysgod o'r farchnad bysgod ar drên, c. 1910.
Loading fish from the trawl fishmarket on to a train, c. 1910. The box yard is on the left.

Neyland

Llun o Neyland sy'n dangos yr orsaf reilffordd a'r iard nwyddau brysur. Mae marina atyniadol ar y safle hwn bellach. (c. 1880)
The busy train terminus and goods yard. An attractive marina now occupies this site. (c. 1880)

Trigolion Neyland yn mynd am dro ar hyd y Stryd Fawr, Neyland, 1910.
The inhabitants of Neyland step out to have their photograph taken in High Street, Neyland, 1910.

Dau drên y 'Great Western' y tu allan i sied drenau Neyland, c. 1930.
Two Great Western Railway engines outside the Neyland engine sheds, c. 1930.

Torf yn ymgasglu ar gyfer ymweliad brenhinol â Neyland, Awst 1955.
Crowds gather at Neyland slip for the Royal visit, August 1955.

Y ffatri iâ a'r farchnad bysgod. Agorwyd y ffatri iâ ym 1908 gan y Fonesig Philipps.
The ice factory and fish market. The ice factory had been opened in 1908 by Lady Philipps.

Y tu fewn i'r farchnad bysgod lewyrchus. Oherwydd llwyddiant y diwydiant yn Aberdaugleddau, erbyn 1914 symudodd canolfan y fasnach bysgota yno.
Inside the flourishing fish market. In 1914 competition from Milford Haven eventually caused the trade to be moved there.

Doc Penfro
Pembroke Dock

Gweithwyr yn dod allan drwy ietiau'r iard yn Noc Penfro. Roedd cau'r iard longau yn 1926 yn ergyd farwol i'r dref.
Workers emerging through the dockyard gates in Pembroke Dock. The closure of the dockyard in 1926 was a devastating blow to the town.

Ysgol y Coroniad i Fechgyn Iau, Doc Penfro, Dosbarth IVa, 1911.
Pembroke Dock Coronation School, Junior Boys, Standard IVa, 1911.

B.G. Howells yn cyflwyno pensiliau'r coroni i Ysgol Pennar, Doc Penfro, 1953.
B.G. Howells presenting coronation pencils to Pennar School, Pembroke Dock, 1953.

Tri gŵr trwsiadus o ddechrau'r cyfnod Edwardaidd yn Noc Penfro.
Three smart, early Edwardians from Pembroke Dock.

Ysgol Sul Sant Padrig, Doc Penfro. Defnyddiwyd y llun hwn mewn apêl am gymorth ariannol i atgyweirio'r to. 'Some who do not love us call it the cowshed school'.
St Patrick's Sunday school, Pembroke Dock. This picture was used in an appeal for funds to repair the roof. 'Some who do not love us call it the cowshed school'.

Adeilad yr Ysgol Genedlaethol, Heol Fictoria, Doc Penfro.
The National School building, Victoria Road, Pembroke Dock.

Ymweliad y Brenin Edward VII â Doc Penfro, 1902.
Visit by King Edward VII to Pembroke Dock, 1902.

Mr a Mrs John Edwards, Heol y Gogledd, Bufferland, Doc Penfro, c. 1910. Roedd eu cartref yn nodweddiadol o dai gweithwyr y dociau yn y dref.
Mr and Mrs John Edwards, North Street, Bufferland, Pembroke Dock, c. 1910. Their home was typical of dockyard workers' houses in the town.

Dathliadau yng Nghapel y Bedyddwyr, Bethania, Doc Penfro, 1910.
Celebrations at Bethany Baptist Chapel, Pembroke Dock 1910.

Capel y Wesleaid, Doc Penfro. Dathliadau'r canmlwyddiant, 1918.
Wesley Chapel, Pembroke Dock, centenary celebrations, 1918.

Grŵp o nyrsus adeg y Rhyfel Byd Cyntaf yn Noc Penfro.
A group of First World War nurses in Pembroke Dock.

Gyferbyn/Opposite:
Adfeilion Eglwys Pater o fewn hen waliau'r dociau. Mae'r trigolion lleol yn dal i
gyfeirio'n annwyl at y dref fel 'Pater'.
Ruins of Pater church within the old dockyard walls. The town is still affectionately known to
locals as 'Pater'.

Remains of Pater Church, Pembroke Dockyard. No. 2.

Stryd Dimond, Doc Penfro, gyda'r Neuadd Ddirwest ar y chwith, a ddisodlwyd yn ddiweddarach gan Neuadd Pater, c. 1910.

Dimond Street, Pembroke Dock, on the left The Temperance Hall, later replaced by the present Pater Hall, c. 1910.

Stryd y Frenhines, Doc Penfro, c. 1910.
Queen Street, Pembroke Dock, c. 1910.

Lôn y Fferi, Doc Penfro, oedd yn cysylltu tref Penfro â'r Cwch Croesi'r Hafan.
Ferry Lane, Pembroke Dock, connecting the town of Pembroke with the Haven Crossing.

Dociau'r Llynges The Royal Naval Dockyard

Lansio HMS Defence, *dociau'r llynges yn Noc Penfro, Mai'r 26ain, 1907.*
The launching of HMS *Defence*, Pembroke Dock naval dockyard, 26 May 1907.

Gweithwyr ac offer lansio, ym mis Mai 1907, cyn lansio HMS Defence *yn nociau'r Llynges, Doc Penfro.*
Dockyard workers and launching equipment, May 1907, before the launch of HMS *Defence* in the Royal Naval dockyard, Pembroke Dock.

HMS Bellona *ar ddiwrnod ei lansio, Doc Penfro, Mawrth 20fed, 1909.*
HMS *Bellona* on launching day, Pembroke Dock, 20 March 1909.

Golwg ar siediau gwneud llongau yn nociau'r Llynges, Doc Penfro, o Riw'r Barics, c. 1870.
Boat building sheds, the naval dockyard, Pembroke Dock, from Barrack Hill, c. 1870.

Gweithio ar long ryfel, Trwyn Hobbs, Doc Penfro, c. 1895.
A cruiser being fitted out at the sheerlegs, Hobbs Point, Pembroke Dock, c. 1895.

Y ffrigad HMS Agincourt c. 1897. Er nad yn Noc Penfro y gwnaed y llong wreiddiol yn yr 1860au, daethpwyd â'r llong ryfel haearn hon i'w hail-ffitio yno.
The frigate HMS *Agincourt c.* 1897. Although not originally built at Pembroke Dockyard, this 1860s battlefleet ironclad was brought in for refitting.

HMS Andromeda, *a wnaed yn Noc Penfro, dan stêm yn ystod profion yn yr Hafan, 1897.*
HMS *Andromeda,* built at Pembroke Dock, at her steaming trials on the Cleddau, 1897.

HMS Hotspur c. *1897, yn cael ei hatgyweirio a'i hail-ffitio yn Noc Penfro, er taw yn rhywle arall y gwnaed y llong wreiddiol yn 1870.*
HMS *Hotspur* c. 1897, brought in for repairs and refitting, although originally built elsewhere in 1870.

HMS Bellona *cyn ei lansio, dociau'r Llynges, Doc Penfro, Mawrth 20fed, 1909.*
HMS *Bellona* prior to launching, Pembroke Dock naval dockyard, 20 March 1909.

Masnach a Diwydiant • Trade and Industry

Y lanfa ym mhurfa olew Esso, Herbrandston.
The jetty serving the Esso oil refinery, Herbrandston.

Llong fasnach wrth angor ger melin lafur Blackpool c. 1900. Codwyd y felin a'r bont drawiadol ar ystad Slebets yn gynnar yn ystod y bedwaredd ganrif ar bymtheg. Nid yw'r llanw yn cyrraedd llawer ymhellach na'r fan hon ar Afon Cleddy Ddu.

A trading vessel moored alongside Blackpool corn mill c. 1900. Both the mill and the elegant bridge were built on the Slebech estate in the early nineteenth century. They are near to the tidal limit on the Eastern Cleddau.

Llong fasnach wrth Gei Penfro. Grym y llanw a yrrai'r felin lafur ar y chwith. Fe'i llosgwyd yn ulw yn 1956.

A trading vessel at Pembroke Quay. The tall corn mill on the left was powered by tidal flow. It burnt down in 1956.

Llongau masnach ar y lan yn Noc Penfro.
Trading ships on the shore at Pembroke Dock.

Yr hen waith naptha yn Cosheston. Cynhyrchir naptha drwy ddistyllu tar glo.
The old naptha works at Cosheston. Naptha is produced by distilling coal tar.

Yr iard goed ger Pill Priory ym mhen uchaf Hubberston Pill ger Aberdaugleddau, c. 1900.
The timberyard near Pill Priory at the top end of Hubberston Pill near Milford Haven, c. 1900.

Yr offer weindio ar ben y pwll yng Nglofa Hook yn 1928. Mae'n debyg taw'r efail yw'r adeilad yn y canol yn y cefndir.
The pithead frame at Hook Colliery in 1928. The building beyond in the centre is probably the smithy.

Mr Harcourt Roberts, rheolwr Glofa Hook yn ystod yr 1920au.
Mr Harcourt Roberts, manager of Hook Colliery in the 1920s.

Inclein yng Nglofa Hook yn 1928.
An inclined track at Hook Colliery in 1928.

Didoli glo yng Nglofa Hook yn 1928.
The grading of coal in screened dumps at Hook Colliery in 1928.

Wagen lo Cwmni Pwll Glo Caled Hook. Gwerthwyd y Cwmni yn 1934.
A coal truck from Hook Anthracite Colliery Company. The company sold out in 1934.

Y sied wehyddu yn Ffatri Cwmni Gwlân Penfro yn yr 1960au.
The weaving shed at the Pembroke Woollen Company in the 1960s.

Golwg o'r awyr ar burfa olew Gulf yn Waterston, a agorwyd yn 1968. Nid oes harbwr dwfn iawn ger y burfa hon sef y burfa bellaf o geg yr Hafan. Byddai llongau llai yn cludo olew yno o danceri mawr a ddadlwythwyd yn Iwerddon.

An aerial view of the Gulf oil refinery at Waterston, which was opened in 1968. The refinery, which is the furthest from the mouth of the Haven, does not have access to the deepest water. The oil landing here has usually been trans-shipped from larger tankers in Ireland.

Llong oedd yn cludo colofnau i burfa Amoco yn 1972, ar y traeth ym Mae Gelliswick.
A ship beached at Gelliswick Bay, Hubberston, bringing columns for the Amoco refinery in 1972.

Glanfa Olew BP yn Nhrwyn Popton ger Rhosgylyddwr ym mis Ebrill 1961, y flwyddyn y'i hagorwyd yn swyddogol. Nid oedd purfa ar y safle ac felly byddai'r olew yn cael ei bwmpio drwy bibell am fwy na thrigain milltir i Landarcy ger Abertawe.
The BP oil jetty at Popton Point near Rhoscrowther in April 1961, the year in which it was officially opened. There is no refinery on site, the oil being pumped over sixty miles by pipeline to Llandarcy near Swansea.

Ymarfer diffodd tân ym mhurfa Esso ger Herbrandston yn 1961.
Fire fighting practice at the Esso Refinery near Herbrandston in 1961.

Ochr orllewinol purfa Esso yn 1959 yn cael ei hadeiladu. Mae sylfeini i gymryd tanc olew ar y dde. Yn y cefndir gwelir tanciau olew eraill ac ar y chwith mae'r gwaith distyllu.
The western side of the Esso refinery in 1959, while still under construction. On the right is a tank base. Crude oil tanks are in the background and on the left is a distillation area.

Peilot yn dringo ar fwrdd un o danceri Esso yn 1961.
A pilot boarding an Esso tanker in 1961.

Iard Esso lle gwneir colofnau concrit ar gyfer codi glanfa, tua diwedd yr 1950au.
Esso's yard for casting pre-stressed concrete piles for the marine terminal, probably in the late 1950s.

Hamdden
Recreation

Mr Richard Childs yn ei gwch ar yr afon. Mae'r fferi yn Burton i'w gweld yn y cefndir.
Gweithiai Richard Childs o Burton yn nociau Penfro a phriododd â Miss Emma Grace
Brown o Houghton, Burton. (c. 1925)
Mr Richard Childs in his boat on the river. Burton Ferry is in the background. Richard Childs
of Burton worked at Pembroke Dockyard and married Miss Emma Grace Brown of
Houghton, Burton. (c. 1925)

Tynnwyd y llun hwn yng ngerddi Castell Pictwn. Mae'n debyg taw tenantiaid yr ystad ydynt mewn parti a gynhaliwyd yn 1910 i ddathlu priodas Mr a Mrs H.E.E. Philipps.
Taken in the grounds of Picton Castle. These are probably the tenants of the estate at a party held in 1910 to celebrate the marriage of Mr and Mrs H.E.E. Philipps.

Trip o Lanrheithan, c. 1925.
An outing from Llanreath, *c.* 1925.

Siarabang Wilcox, y tu allan i ficerdy Eglwys y Santes Catrin, Aberdaugleddau, ar fin mynd ag aelodau'r eglwys am drip c. 1928.
A Wilcox charabanc outside the vicarage of St Katharine's, Milford, about to commence a church outing c. 1928.

Sinema Drydan Frenhinol Haggar. Bu William Haggar yn rheoli Theatr a Sinema Pontarddulais, Sir Forgannwg, cyn sefydlu ei sinema deithiol ei hun, gan ymsefydlu yn y pendraw ym Mhenfro.

Haggar's Royal Electric Bioscope. William Haggar had been manager of Pontardulais Theatre and Bioscope Palace, Glamorgan, before setting up his own touring Bioscope eventually settling in Pembroke.

Pobl yn ystod teyrnasiad Edward yn ymgasglu yn y cyrtiau tenis yng Nghastell Penfro.

Edwardians gather around the tennis courts at Pembroke Castle.

'Girl Guides' 1af Aberdaugleddau, 1925.
1st Milford Haven Girl Guides, 1925.

'Brownies' yn chwarae yng ngardd Bush House, Penfro, 1954.
Brownie games in the grounds of Bush House, Pembroke, 1954.

Taith flynyddol Heddlu Aberdaugleddau i Ddinbych-y-pysgod, c. *1923.*
Milford Haven Police annual outing to Tenby, c. 1923.

Taith bleser ar yr SS Pioneer *ger Melin Blackpool 1923.*
A pleasure trip on the SS *Pioneer* at Blackpool Mill, 1923.

Torf frwdfrydig mewn gêm bêl droed yn Aberdaugleddau, 1946–7.
Eager Spectators at a Milford Haven Football Cup match, 1946–7.

Tîm 'Rovers' Llanrheithan yng Nghwpan Elusen Wiltshire 1922–3.
Llanreath Rovers Wiltshire Charity Cup Team 1922–3.

Tîm Criced Dinas Isaf c. *1908.*
Williamston Cricket Team c. 1908.

Carnifal Aberdaugleddau.
A float in a Milford Haven carnival.

Amddiffyn
Defence

Yr olygfa ar ôl i Ddoc Penfro gael ei fomio 1941.
The scene after the bombing of Pembroke Dock in 1941.

Castell Penfro c. 1884. Gellir gweld estyll pren o'r iard goed ym mlaen y llun.
Pembroke Castle c. 1884, looking rugged. Wood from the timberyard can be seen in the foreground.

Gorthwr Castell Penfro, ynghyd â defaid yn pori.
Pembroke Castle keep, with grazing sheep.

Castell Caeriw, c. 1870.
Carew Castle, *c.* 1870.

Y gaer ar Ynys Sant Ffraid yn cael ei helaethu o ganlyniad i Adroddiad gan y Llywodraeth ar amddiffynfeydd yr Hafan, c. 1870.

Stack Rock Fort being extended after a Government report on the Haven's defences, c. 1870.

Ynys 'Thorn' a'r gaer, sydd ger Angle. Magnelfa agored a godwyd yn 1852 oedd yno'n wreiddiol ond roedd garsiwn a drylliau yno'n ddiweddarach. Fe'i gwerthwyd yn 1932.

Thorn Island and its fort, situated just off Angle. Originally an open battery built in 1852, it eventually housed a small garrison and guns. It was sold in 1932.

Y tu mewn i'r gaer ar Ynys Sant Ffraid. Costiodd y gaer fwy na £96,000 i'w chodi ond fe'i gwerthwyd mewn arwerthiant yn 1932 am £60 yn unig.

The inside of Stack Rock Fort. The building of the fort cost over £96,000 but when it was auctioned in 1932 it fetched just £60.

Y Gaer ar Ynys Sant Ffraid ar ôl ei chwblhau yn 1870. Codwyd y fagnelfa wreiddiol rhwng 1850–52.

Stack Rock Fort just after it was completed in 1870. The original battery had been built 1850–52.

Mintai o Swyddogion – o Filisia Magnelwyr Brenhinol Sir Benfro pan gartrefwyd hwy yn Hubberston. Sylwer ar y ddau gi mascot, c. 1900.
Group of officers, probably the Pembroke Royal Garrison Artillery Militia when stationed at Hubberston. Notice the two mascot dogs, c. 1900.

Y barics amddiffynadwy a'r bont godi, Doc Penfro.
The defensible barracks and drawbridge, Pembroke Dock.

Barics Llanio, Doc Penfro. Trowyd yr adeiladau hyn yn Bencadlys i Gyngor Dosbarth De Penfro.
Llanion Barracks, Pembroke Dock. These buildings became the South Pembrokeshire District Council Offices.

Corfflu Gwŷr Drylliau Gwirfoddol Aberdaugleddau, c. 1864.
Milford Volunteer Rifle Corps, c. 1864.

Gweithwyr gwneud arfau yn y Gweithdy Bwyleri yn Nociau Penfro yn ystod y Rhyfel Byd Cyntaf.
Pembroke Dockyard Boiler shop munition workers, during the First World War.

Canu'n iach â'r milwyr ar eu ffordd i'r rhyfel. Mae hen dollfa Pont Victoria ar y dde; mae'r arysgrifen wedi'i hail-osod bellach ger y ffordd sy'n arwain at y bont newydd. (c. 1915)
Soldiers on their way to war are given a send off. The old toll-house for the Victoria Bridge is on the right; the inscription on it has now been remounted by the approach to the new bridge. (c. 1915)

Y Peirianwyr Brenhinol ym Mhennar. O'r chwith i'r dde, y Rhingyll Jenkins, yr Is-gapten Bush a'r Is-ringyll Biddington. Mehefin 1916.

Royal Engineers at Pennar. From left to right: Sergeant Jenkins, Lieutenant Bush and Corporal Biddington. June 1916.

Yn ystod y Rhyfel Byd Cyntaf roedd y ceffylau hyn a'u tebyg yn cael eu cludo drwy Aberdaugleddau.

During the First World War these horses were being transported through Milford Haven.

Dwy awyren fôr yn hedfan dros yr Hafan. Doc Penfro oedd cartref sgwadronau awyrennau môr Sunderland am bedair blynedd ar bymtheg a'r pencadlys mwyaf yn y byd i awyrennau môr.

Two flying-boats over the Haven. Pembroke Dock was the home of the Sunderland flying-boat squadrons for nineteen years and was the largest flying-boat base in the world.

Pobl yn ymgasglu y tu allan i dai a fomiwyd yn Noc Penfro 1941.
People gathering outside the bombed houses in Pembroke Dock 1941.

Y drylliau mawr rhyfel yn cael eu symud o Dale. Roeddynt wedi'u gosod yn y gaer yn Dale, a werthwyd yn 1947.
The large rifled muzzle-loader guns being removed from Dale. They had been positioned at Dale Fort which was sold in 1947.

Gwaelod, chwith/Below, left:
Bomio'r tanciau olew yn Llanrheithan. Golygfa nad oedd modd dianc rhagddi yn rhwydd. Roedd y mwg o'r tanciau olew a fomiwyd i'w weld yn bell i ffwrdd. Parhaodd y tân am dair wythnos a dinistriwyd unarddeg o'r ddau danc olew ar bymtheg yn Llanrheithan. (1940)
Llanreath oil tanks are bombed. A sight not easy to escape from. The smoke from the bombed oil tanks was visible far away. The blaze lasted three weeks and destroyed eleven of the seventeen tanks at Llanreath. (1940)

Castell Benton, yn adfeilion.
Benton Castle, ruined and overgrown.

Golwg o'r awyr ar Gastell Benton ar ôl ei adfer; mae'n annedd preifat bellach.
The restored Benton Castle, now a private residence, from the air.

Y Boneddigion Gentry

Tynnu lluniau ar Bont Melin Blackpool ger y fynedfa i Barc Slebets, cartref teulu'r De Rutzen, c. 1910.
Taking photographs on Blackpool Mill Bridge near the entrance to Slebech Park, home of the De Rutzen family, c. 1910.

Parc Slebets, 1871, gydag adfeilion eglwys Slebets ar lannau Cleddy Ddu.
Slebech Park, 1871, with the ruined Slebech church on the banks of the Eastern Cleddau.

Eglwys Slebets; caniataodd Barwn cyntaf De Rutzen i'r eglwys fynd â'i phen iddi ar ddechrau'r bedwaredd ganrif ar bymtheg. Yn wreiddiol roedd yn eglwys Marchogion Ysbytaidd Sant Ioan o Gaersalem. Adeiladwyd eglwys newydd Slebets ger yr 'A40' yn yr 1840au.

Slebech Church, allowed to fall into ruins by the first Baron De Rutzen in the early nineteenth century. Originally the church of the Knights Hospitallers of St John of Jerusalem. A new Slebech church was constructed close to the 'A40' in the 1840s.

Castell Pictwn, c. 1900, oedd yn gartref am genedlaethau i deulu'r Philipiaid, sy'n dal i fyw yno hyd y dydd heddiw.
Picton Castle, c. 1900, for centuries home of the Philipps family and still occupied by them.

Syr Charles a'r Fonesig Philipps yn diddanu gwesteion yng Nghastell Pictwn ar Awst 31, 1922.
Sir Charles and Lady Philipps entertaining guests at Picton Castle, 31 August 1922.

Neuadd y Castell ger Aberdaugleddau a adeiladwyd gan John Holwell, un o oroeswyr Pydew Du Calcutta – hyn sydd i gyfrif am y dylanwad Hindwaidd. Meddiannwyd yr adeilad yn ddiweddarach gan y Crynwyr, y teulu Greville a lleianod yn eu tro. Dymchwelwyd yn 1935.

Castle Hall near Milford Haven built by John Holwell, survivor of the Black Hole of Calcutta, hence the Hindu touches. Later occupied in turn by Quakers, the Greville family and nuns. Demolished 1935.

Cyfarfod cyntaf y Clwb Moduron yn Nhŷ Williamston, cartref y teulu Scourfield, ger Burton, 1910.

First meeting of the Motor Club at Williamston House, home of the Scourfield family, near Burton, 1910.

Castell Upton, 1871, oedd yn wreiddiol yn gartref i'r teulu Maleffant, ac yn un o'r ychydig gestyll bellach sydd â phobl yn dal i fyw yno.
Upton Castle, 1871, originally home of the Malefant family, now one of the few castles still occupied.

Bill a Mrs Cleveland, gweithwyr ar ystad Castell Upton yn 1930, yn ystod ymweliad Charles Tasker Evans.
Bill and Mrs Cleveland, workers on the Upton Castle estate in 1930, during the visit of Charles Tasker Evans.

Grŵp o saethwyr yng Nghastell Upton, c. 1926.
A shooting party at Upton Castle, c. 1926.

Castell Lawrenni yn 1871 pan oedd yr ystad yn dal i ffynnu. Credir bod deugain o ystafelloedd i'r tŷ, a adeiladwyd yn 1856 gan G. Lort-Phillips, ond ni chwblhawyd y gwaith.

Lawrenny Castle in 1871 when the estate still flourished. Believed to have forty rooms, it was built in 1856 by G. Lort-Phillips but was never completed.

Castell Lawrenni yn adfeilion, 1950; fe'i dymchwelwyd ar ôl nifer o ymdrechion gan y fyddin.

Lawrenny Castle in a state of demolition, 1950, blown up after a number of attempts by the army.

Butterhill Grange, Llanismel, 1860. Cartref teulu'r Roch rhwng 1607 a 1906, ond sydd wedi bod yn wag ers 1966.

Butterhill Grange, St Ishmaels, 1860. Occupied by the Roch family 1607–1906 but abandoned in 1966.

Bush House, ger Penfro, cartref teulu'r Meurigiaid. Bellach mae ysgol gyfun a chanolfan chwaraeon ar yr ystad, ac mae'r tŷ yn gartref i'r henoed.

Bush House, near Pembroke, the Meyrick family home. The estate is now occupied by a comprehensive school and sports centre and the house is a home for the elderly.

Sesiwn o dynnu lluniau gyda'r hwyr yn dangos y feidr sy'n arwain drwy Barc Slebets i'r tŷ.
An evening photographic session showing the lane leading through Slebech Park to the house.

Llun llon gyda neges fodern. Mae caer Popton yn y cefndir 1936.
A cheery picture with a modern message. Popton Fort is in the background, 1936.

DIOLCHIADAU • ACKNOWLEDGEMENTS

Casglwyd y deunydd ar gyfer y gyfrol hon gan yr aelodau canlynol o staff Adran Gwasanaethau Diwylliannol Cyngor Sir Dyfed, sy'n cynnwys Archifau, Llyfrgelloedd ac Amgueddfeydd:
This book was compiled by members of staff of the Cultural Services Department of Dyfed County Council. The department comprises Archives, Libraries and Museums and the following staff were directly involved:

Joan Evans • Mary John • David Moore • Corinne Streets

Diolch i'r holl unigolion sydd, dros y blynyddoedd, wedi rhoi neu fenthyca lluniau i'r Adran a diolch hefyd i'r unigolion a'r sefydliadau a enwir isod sydd wedi'n cynorthwyo trwy roi caniatâd i atgynhyrchu'r lluniau sydd yn eu meddiant:
In addition to thanking the numerous donors who, over the years, have provided photographs for the department's collections, the assistance of those individuals and organizations who gave permission for the reproduction of photographs in their possession must be acknowledged. These include:

Esso • E. Freeman • John Stevenson • Revd William Watkins
Roger Worsley